나는 자랑스러운 태극기 앞에
자유롭고 정의로운 대한민국의
무궁한 영광을 위하여
충성을 다할 것을 굳게 다짐합니다.

# 애국가

1절

동해 물과 백두산이 마르고 닳도록
하느님이 보우하사 우리나라 만세
무궁화 삼천리 화려 강산
대한 사람 대한으로 길이 보전하세

2절

남산 위에 저 소나무 철갑을 두른 듯
바람 서리 불변함은 우리 기상일세
무궁화 삼천리 화려 강산
대한 사람 대한으로 길이 보전하세

3절

가을 하늘 공활한데 높고 구름 없이
밝은 달은 우리 가슴 일편 단심일세
무궁화 삼천리 화려 강산
대한 사람 대한으로 길이 보전하세

4절

이 기상과 이맘으로 충성을 다하여
괴로우나 즐거우나 나라 사랑하세
무궁화 삼천리 화려 강산
대한 사람 대한으로 길이 보전하세

# 태권어린이 德

## 충 · 효 · 공경 · 배려하는 마음

이학박사 이재수(고려대 스포츠과학연구소 연구교수) 감수
고려대학교 태권도 최고위과정 연구위원
서현사 편집부 엮음

서현사

## 관 훈

## 관원선서

## 지도관

한 손에는 따뜻한 사랑이
또 한 손에는 엄격함으로

# 머리말

『태권어린이 지(智)-인성기르기』와 함께하신 관장 · 사범님 등 태권도장 관계자 분들은 물론 많은 학부모님들로부터 다음과 같은 말씀을 들었습니다.

"고맙습니다! 『태권어린이 지(智)-인성기르기』는 태권도를 익히는 어린이들에게 주는 참으로 특별한 선물입니다. 이 책과 더불어 태권도를 수련하면서 건전한 정신과 행동으로 인내하며 노력하는 자세를 배웠습니다."

태권도 이론과 실제만을 다룬 여느 책들과 달리 기획하고 원고를 쓰느라 적잖은 기간 동안 무척 힘들었는데, '강인한 몸은 물론 올바른 마음자리를 바탕으로 건전하고 지혜로운 생각을 더불어 깨우쳐 주는 책' 으로 꼽아 주셔서 참 기뻤습니다.

여기에 힘입어, 함께 기획했던 지(智) · 덕(德) · 체(體) 가운데 두 번째 책 『태권어린이 덕(德)-충 · 효 · 공경 · 배려하는 마음』을 태권어린이들께 새롭게 건넵니다.

이 책은 태권어린이들이 태권도와 더불어 부모님께 효도하고 나라를 사랑하며 형제간에 우애할 뿐 아니라 이웃과 어른들을 공경하는 어린이로 자라기를 바라는 마음에서 그와 관련 있는 선조들의 일화를 중심으로 엮었습니다.

태권어린이는 슬기로울 뿐 아니라 태권도와 함께 인내하고 좋은 친구를 사귀며 효도하는 어린이가 되어야 합니다. 태권도장에서는 관장님과 사범님께서 태권어린이를 튼실한 어린이로 성장하게 도와줍니다.

관장님과 사범님의 바른 지도를 배우고 익히는 것이 『태권어린이 덕(德)-충 · 효 · 공경 · 배려하는 마음』에서 가르치고 싶은 정신입니다.

2012년 9월

고려대학교 태권도지도경영 최고위과정 겸
고려대학교 스포츠과학연구소 연구교수 / 이학박사 이재수
전) 국기원연구소 수석연구원

# 추천사

태권도는 유구한 역사를 통해서 다듬어진 우리나라 고유의 무술이자 국기(國技)입니다.

태권도는 손과 발 그리고 몸 전체를 사용하여 심신을 아름답게 조화시키는 맨손 전신운동입니다. 이로써 신체를 단련시켜 몸을 건강하게 하고 외부 위험으로부터 자신의 몸을 보호할 수 있습니다. 하지만 태권도는 몸으로만 하는 운동이 결코 아닙니다.

마음의 수련을 통하여 올바른 가치관을 형성시키고 자아실현을 완성해 가는 행동철학이기도 합니다.

태권도를 통해 적극적인 사고와 용기, 담력과 자신감을 얻게 되므로 내성적이고 소극적인 성격이 적극적이고 활달한 성격으로 변화하게 됩니다. 또한 태권도는 사회성 발달에 도움을 줄 뿐 아니라 학교생활이나 사회생활에서 쌓인 스트레스를 해소할 수 있게 해줍니다. 학교폭력이나 아동을 대상으로 한 범죄가 늘어나고 있는 요즘, 태권도를 배우는 어린이들은 정신적, 육체적 위험에 빠졌을 때 자기 자신을 보호할 수 있는 판단력과 힘을 기를 수 있습니다.

태권어린이들이 수련을 통해 강인한 정신력을 기르고 몸과 마음을 단련하여 부모님께 효도하고, 이웃을 배려하는 예의바른 어린이, 자신감 있는 어린이, 지혜로운 어린이로 성장하길 바랍니다.

2012년 9월

챔피언체육관 관장 정명숙

전국체육대회 7년패
대한민국 국가대표 10년패
제13회 방콕 아시안게임 헤비급 금메달
세계선수권대회 여자 최초 3년패(기네스북 등재)
대통령표창 거상장 수상
경희대학교 체육학 석사

# 차 례


- **자기소개** ··· 7
- **우리나라의 상징** ··· 8
  국기-태극기 ··· 8　국화-무궁화 ··· 11　국가-애국가 ··· 13
- **주자십회훈** ··· 16
- **삼강오륜** ··· 17
- **나는 태권어린이** ··· 20
  태권도장에서의 예절 ··· 20　태권어린이의 마음가짐 ··· 21
  가족 사랑, 이웃 사랑, 나라 사랑하는 태권어린이 ··· 22
- **태권도의 품새** ··· 23
- **효(孝)** ··· 26
  옛 이야기 속의 효 ··· 26　생각해 보기 ··· 31
- **우애, 우정** ··· 32
  옛 이야기 속의 우애 ··· 33　옛 이야기 속의 우정 ··· 35
  생각해 보기 ··· 38
- **공경과 배려** ··· 40
  옛 이야기 속의 공경과 배려 ··· 40　생각해 보기 ··· 46
- **나라사랑 "충"** ··· 47
  옛 어른들의 나라사랑 ··· 48　생각해 보기 ··· 52
- **닮고 싶은 위인-충무공 이순신** ··· 54

부록 1. 내가 존경하는 위인 ··· 57
부록 2. 충 · 효 · 공경 · 배려에 대한 한자성어 ··· 58
부록 3. 나의 기행문 ··· 59

## 자개소개

저는 ________ 입니다.

저는 ______ 초등학교 ______ 학년 ______ 반이며,

________________ 체육관에서 수련하고 있습니다.

취미는 ________________________ 이고,

특기는 ________________________ 입니다.

저의 장래 희망은 ____________________ 이고,

부모님께서 바라시는 장래 희망은

____________________________ 입니다.

## 국기(國旗) - 태극기

### ❖ 태극기는 언제 만들어졌을까

우리나라에서 국기가 처음 만들어진 것은 지금으로부터 130여 년 전인 조선말 고종 임금 때이다. 일본은 조선이 문호를 개방하지 않자 운요호를 앞세운 군함 30척을 보내 강화도 초지진에서 큰 싸움을 벌였다. 강화도 초지진이 파괴되고 조선은 많은 피해를 입었으나 일본은 이 싸움의 책임을 조선 측에 떠넘겨 개항을 강요하였다.

일본은 엄연히 일본 국기를 단 운요 호를 왜 공격했느냐고 따졌고, 그때까지 국기가 없었을 뿐 아니라 그 중요성을 알지 못했던 조선은 도리 없이 강화도조약을 맺고 일본에 문호를 개방할 수밖에 없었다.

운요호 사건으로 말미암아 국기의 필요성을 깨달은 조선 조정에서는 국기를 만들어야 한다는 데 의견이 모아졌다. 1882년 수신사가 되어 일본으로 가는 길에 박영효가 처음으로 국기를 만들었다. 이것이 바로 태극무늬와 4괘가 그려진 태극기의 시초이다.

1883년 1월 27일, 고종은 태극기를 우리 국기로 정한다고 백성들에게 알렸다. 이후 태극기가 널리 보급되었으며 여러 차례 모양을 바꾸어 사용하다 1948년 대한민국 정부 수립과 함께 국기의 도안과 규격이 통일되었고 이듬해 정식 국기로 제정되었다.

### ❖ 태극기는 어떠한 의미를 가지고 있을까

**흰 바탕** 우리 민족이 좋아하는 색으로 백의 민족을 뜻하며 깨끗함, 순박함, 평화를 나타냅니다.

**원** 태극무늬를 둘러싸고 있는 원은 우주를 상징하며, 단일성, 원만함, 통일성을 나타냅니다.

**태 극** 위쪽(빨간색) 부분은 양의 세계, 아래쪽(파란색) 부분은 음의 세계를 나타내며, 서로 맞물려 돌아가는 모습으로 양과 음의 세상 모든 만물을 탄생시킴을 상징하고, 우리 민족의 무궁한 발전과 창조 정신을 나타냅니다.

4괘

| 건<br>☰ | 자연: 하늘을 나타냅니다.<br>계절: 봄<br>방위: 동쪽<br>뜻: 너그럽고 어짊(인: 仁) | 곤<br>☷ | 자연: 땅을 나타냅니다.<br>계절: 여름<br>방위: 서쪽<br>뜻: 이로움(의: 義) |
|---|---|---|---|
| 감<br>☵ | 자연: 달을 나타냅니다.<br>계절: 겨울<br>방위: 북쪽<br>뜻: 지혜(지: 智) | 리<br>☲ | 자연: 해를 나타냅니다.<br>계절: 가을<br>방위: 남쪽<br>뜻: 예의(예: 禮) |

### ❖ 국기는 언제 게양할까

국기는 국가에서 지정한 경축일 등에 게양한다.

경축일: 1월 1일(설날), 3월 1일(3 · 1절), 7월 17일(제헌절), 8월 15일(광복절),
10월 1일(국군의 날), 10월 3일(개천절), 10월 9일(한글날)

조의를 표하는 날: 6월 6일(현충일), 국장 기간, 국민장일

그밖에 정부가 따로 지정하는 날

### ❖ 국기를 일 년 내내 게양해야 하는 곳

국가 기관과 지방 자치 단체, 공공 단체의 청사, 각급 학교

국제 공항, 항구, 호텔 등 국제적인 교류 장소나 대형 건물, 공원 등 많은 사람이 드나드는 곳, 주요 정부 청사의 울타리 및 기타 많은 게양대가 함께 설치된 곳은 되도록 연중 국기 게양을 권장한다.

## 국기에 대한 맹세

나는 자랑스러운 태극기 앞에 자유롭고 정의로운 대한민국의
무궁한 영광을 위하여 충성을 다할 것을 굳게 다짐합니다.

## ❖ 태극기 그리는 법

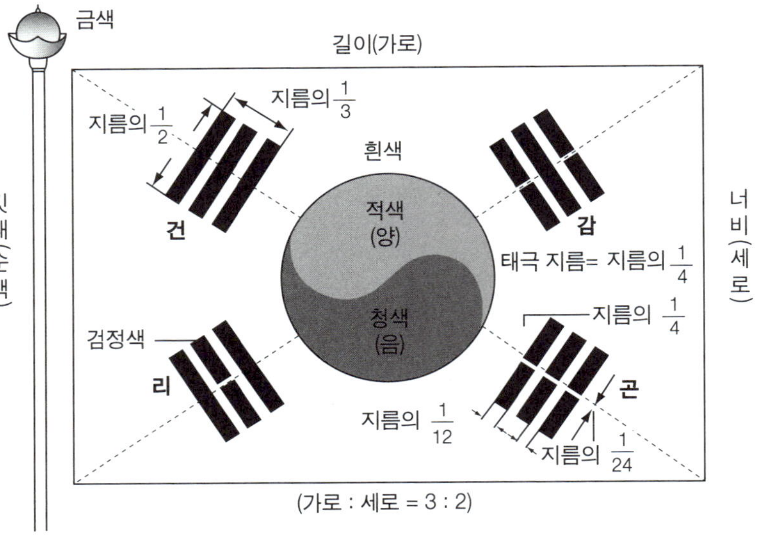


## ❖ 태극기를 색칠해 보세요

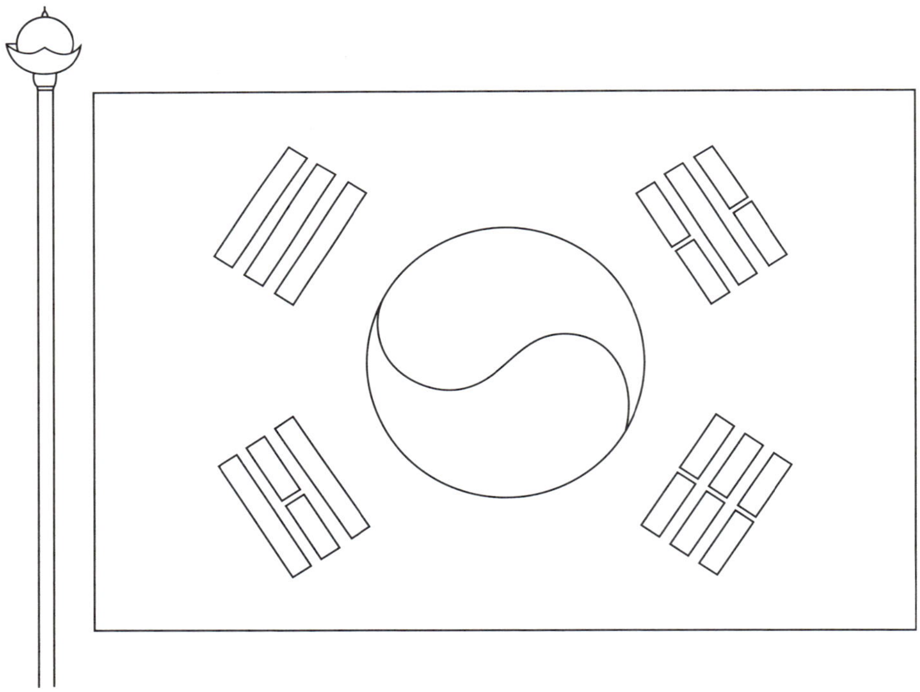

### ❖ 무궁화에 대한 기록은 언제부터일까

최치원이 당나라에 보낸 국서에서 신라를 근화향(槿花鄕: 무궁화의 나라)이라 하였고, 『구당서』에도 같은 기록이 있을 정도로 우리 민족과 역사를 함께 한 꽃이다. 1907년 애국가에서 '무궁화 삼천리 화려 강산~'이라고 불리면서부터 한국의 꽃으로 지정되었다.

### ❖ 무궁화는 어떤 의미의 꽃일까

꽃말은 일편 단심, 은근과 끈기를 나타낸다.

추위에 강하고 소나무, 자작나무, 버드나무처럼 햇볕을 좋아한다.

아침 일찍 꽃이 피었다가 저녁이 되면 시들어 떨어지는 것이 일반적이나, 여름부터 가을에 이르기까지 새로 난 가지의 밑에서 위로 향하면서 차례차례 꽃을 피워내기 때문에 오랫동안 꽃이 피어 있는 것으로 보인다.

우리나라 방방곡곡에는 무궁화가 지천으로 피었다. 집집마다 가장자리에 무궁화 꽃을 심어 울타리로 삼았다. 일본이 우리나라를 지배하고 있을 때 무궁화를 많이 없애 버렸을 뿐 아니라 아파트 위주의 주거 공간의 변화 등으로 지금은 숫자가 많이 줄었지만

그리 어렵잖게 찾아볼 수 있는 꽃이다.

❖ 어떤 무궁화가 표준 나라꽃일까

우리나라에는 1백여 품종의 무궁화가 자라고 있는데, 꽃 색깔에 따라 단심계, 배달계, 아사달계 등으로 크게 분류된다. 정부는 이들 가운데서 꽃잎 중앙에 붉은 꽃심이 있는 단심계(丹心系) 홑꽃을 보급 품종으로 지정하였다.

❖ 우리 주위에서 무궁화가 피어 있는 곳을 찾아보세요.

❖ 무궁화를 색칠해 보세요.

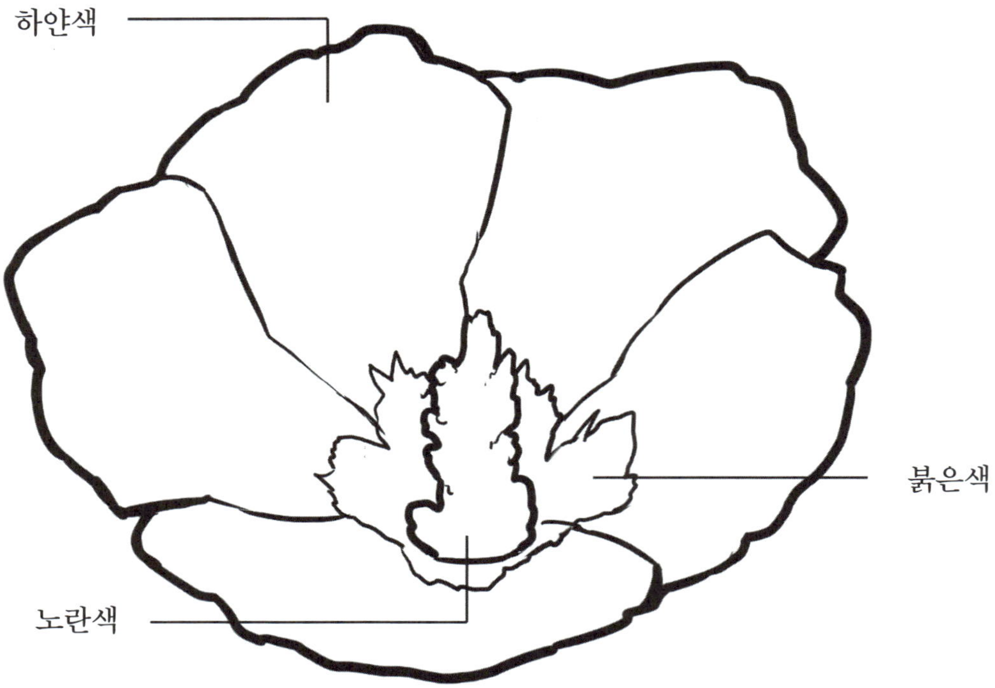

## 국가(國歌) - 애국가

애국가는 우리나라의 국가(國歌)이다. 학교에는 교가가 있고 회사에는 사가가 있듯이 국가(國家)에는 나라를 상징하는 노래가 있다. 우리나라 애국가는 '나라를 사랑하는 노래' 라는 뜻에서 붙인 이름이다.

우리나라 국민 모두는 애국가를 부르면서 나라 사랑하는 마음을 북돋웁니다.

### ❖ 애국가를 작곡한 안익태 선생 이야기

자연스럽게 피는 무궁화와는 달리 애국가는 처음 만드신 분이 계십니다.

애국가를 작곡한 사람은 안익태 선생입니다. 선생은 평생 세계 각국을 돌아다니면서 여러 나라 사람들에게 한국의 예술혼을 심어 주기 위하여 많은 노력을 기울였습니다. 스페인에서 마지막 숨을 거둘 때까지도 선생의 조국에 대한 뜨거운 사랑은 식을 줄 몰랐습니다.

선생이 미국에 갔을 때 있었던 일입니다.

어느 일요일, 선생은 샌프란시스코에 있는 한인 교회 예배에 참석했습니다. 그런데 그곳에서 교포들이 태극기를 걸어 놓고 「올드 랭 싸인」의 곡조에 맞춰 애국가를 부르고 있었습니다. 그때 우리나라 사람들은 서양의 유명한 곡에 우리 노랫말을 붙여 노래 부르는 일이 많았습니다. 우리 노랫말에 알맞은 작곡을 하지 못했기 때문입니다. 이것을 보고 선생은 크게 놀랐습니다.

"도저히 이럴 수는 없다. 「올드 랭 싸인」을 빌려 애국가를 부르다니. 참으로 부끄러운 일이다. 내가 우리 민족이 부를 수 있는 애국가를 하루라도 빨리 작곡해야겠다."

이렇게 다짐한 선생은 그 날부터 애국가를 작곡하기 위하여 많은 노력을 기울였습니다. 마침내 오랜 노력 끝에 선생은 애국가의 앞부분을 작곡하였습니다. 그리고 "무궁화 삼천리 화려 강산……." 으로 부르는 후렴은 오랜 고민 끝에 1935년 헝가리의 부다페스트 음악학교에 재학할 때에야 비로소 완성할 수 있었습니다. 이렇게 해서 오늘날 우리 국민이 부르고 있는 애국가가 작곡된 것입니다.

"애국가는 내가 작곡한 곡이 아닙니다. 그것은 하느님의 선물입니다. 나는 다만 하느님께, 애국가를 지을 수 있도록 영감을 받아 그것을 우리 민족에게 전한 것뿐입니다."

선생은 항상 이렇게 이야기 했다고 합니다.

### ❖ 애국가 가사

1절

동해 물과 백두산이 마르고 닳도록
하느님이 보우하사 우리나라 만세
무궁화 삼천리 화려 강산
대한 사람 대한으로 길이 보전하세

2절

남산 위에 저 소나무 철갑을 두른 듯
바람 서리 불변함은 우리 기상일세
무궁화 삼천리 화려 강산
대한 사람 대한으로 길이 보전하세

3절

가을 하늘 공활한데 높고 구름 없이
밝은 달은 우리 가슴 일편 단심일세
무궁화 삼천리 화려 강산
대한 사람 대한으로 길이 보전하세

4절

이 기상과 이맘으로 충성을 다하여
괴로우나 즐거우나 나라 사랑하세
무궁화 삼천리 화려 강산
대한 사람 대한으로 길이 보전하세

### ❖ 애국가 가사는 누가 만들었을까요?

❖ 애국가를 외워서 써 보세요.

## 주자십회훈(朱子十悔訓)

우리는 때때로 지난 일에 대해 후회하곤 합니다. 옛날 사람들은 「주자십회훈」을 늘 외우면서 후회하는 일이 없도록 애를 썼답니다. 어린이 여러분도 「주자십회훈」을 마음 속에 새겨 후회하는 일이 생기지 않도록 노력하세요.

**不孝父母, 死後悔** (불효부모 사후회)
부모에게 효도하지 않으면, 돌아가신 후에 뉘우친다.

**不親家族, 疎後悔** (불친가족 소후회)
가족에게 친절하게 대하지 않으면, 멀어진 뒤에 뉘우친다.

**少不勤學, 老後悔** (소불근학 노후회)
젊을 때 부지런히 배우지 않으면, 늙어서 뉘우친다.

**安不思難, 敗後悔** (안불사난 패후회)
편안할 때 어려움을 생각하지 않으면, 실패한 뒤에 후회한다.

**富不儉用, 貧後悔** (부불검용 빈후회)
부유할 때 아껴 쓰지 않으면, 가난하게 된 후에 후회한다.

**春不耕種, 秋後悔** (춘불경종 추후회)
봄에 밭 갈고 씨 뿌리지 않으면, 가을이 된 후에 후회한다.

**不治垣墻, 盜後悔** (불치원장 도후회)
담장을 미리 고치지 않으면, 도둑맞은 후에 후회한다.

**色不謹愼, 病後悔** (색불근신 병후회)
이성을 삼가지 않으면, 병든 후에 후회한다.

**醉中妄言, 醒後悔** (취중망언 성후회)
술 취해서 망언한 것은, 술 깨고 난 후에 후회한다.

**不接賓客, 去後悔** (부접빈객 거후회)
손님을 잘 대접하지 않으면, 손님이 떠난 후에 후회한다.

## 삼강오륜

삼강오륜은 아주 옛날 중국의 한나라 때 동중서란 분이 공자님과 맹자님의 말씀에 따라 만든 데서 유래했는데 중국과 한국에서 사회의 기본 윤리로 존중되어 왔으며 지금도 일상 생활에 깊이 뿌리박혀 있는 윤리 도덕입니다.

▶ **三 綱**(삼강)

**父爲子綱** (부위자강) 아들은 아버지를 섬기는 것이 근본이고
**君爲臣綱** (군위신강) 신하는 임금을 섬기는 것이 근본이고
**夫爲婦綱** (부위부강) 아내는 남편을 섬기는 것이 근본이다.

▶ **五 倫**(오륜)

**君臣有義** (군신유의) 임금과 신하는 의리가 있어야 하고

임금은 하늘의 근본 원리를 깨달아서 나라를 다스리는 사람이고, 신하는 그 원리를 조화시켜 착한 일을 시행하고 악한 일을 막는 사람입니다.

임금으로서 임금의 도리를 다하지 못하고, 신하로서 신하의 직책을 다하지 못한다면 세상과 나라를 잘 다스리지 못할 것입니다. 그러므로 신하는 임금을 섬기는 데 충성을 다해야 합니다.

**父子有親** (부자유친) 아버지와 아들은 친함이 있어야 하며

어버이와 아들딸 사이에는 사랑이 있어야 합니다. 어버이는 아들딸을 낳아서 기르고 사랑하며 가르치고, 아들딸은 어버이를 받들어 뒤를 잇고 효도하며 봉양해야 합니다. 어버이는 올바른 방법으로 아들딸을 잘 가르쳐서, 옳지 않은 데로 빠져들지 못하게 하고, 아들딸은 어버이에게 혹 잘못이 있으면 부드러운 목소리와 공손한 태도로 말씀드려 어버이의 잘못이 많은 사람의 구설에 오르지 않게 해야 합니다. 세상에 혹시 어버이로서 자기 아들딸을 잘 보살피지 못하고, 아들딸이 되어 어버이를 잘 모시지 않는 사람이

있지만 그렇더라도 허물이 부모에게 돌아가게 해서는 안 됩니다. 어버이가 비록 인자하지 않더라도 아들딸로서 효도하지 않으면 안 되는 것입니다. 옛 성현들은 세상에는 벌을 받아야 할 죄가 3천 가지도 넘지만, 자식으로서 부모에게 효도하지 않는 것보다 큰 죄는 없다고 말씀하셨습니다.

## 夫婦有別 (부부유별) 남편과 아내는 분별이 있어야 하며

남편과 아내는 서로 다른 두 사람이 만나 가정을 이루어 자녀를 낳고 행복하게 살아가는 생활의 근원입니다.

그러므로 결혼은 신중하게 이루어져야 하며, 결혼하게 되면 서로의 인격을 존중하고 이해와 사랑을 바탕으로 행복한 삶을 꾸려가도록 노력해야 합니다. 남편이 그 가정을 올바른 도리로 이끌지 못하고 아내가 남편을 올바른 도리로 돕지 않아서 잘못되는 일이 생긴다면, 집안의 법도가 어그러져 어지러워질 것입니다.

그러므로 남편은 자신의 몸가짐을 바로잡아 아내를 참다운 사랑으로 인도하고, 아내는 자신의 몸가짐을 바로잡아 남편을 미덥게 돕는다면 부부가 저절로 화평하게 되어 부모님 역시 기뻐하실 것입니다. 옛 성현들은 사람답게 사는 도리는, 남편과 아내의 평화로운 가정 생활로부터 시작된다고 말씀하셨습니다.

## 長幼有序 (장유유서) 어른과 어린이는 차례가 있어야 하고

어른과 아이 사이에는 정해진 차례가 있습니다. 먼저 형은 형답게 형 노릇을 잘하여 모범을 보여야 하고, 아우는 아우답게 형을 존경하고 따라야 합니다. 어른과 아이의 도리는 여기에서부터 생겨나는 것입니다.

어른은 어른답게 행동하여 아이를 사랑하고, 아이는 아이답게 행동하여 어른을 공경해야 합니다. 그래야만 어른이 젊은이를 업신여기거나 젊은이가 어른을 업신여기는 폐단이 없어지고, 사람으로서 지켜야 할 도리가 바로잡힐 것입니다. 더구나 형과 아우는 한 어버이의 피를 나누고, 뼈와 살을 나누어 받은 가까운 사이입니다. 그러므로 마땅히 형은 아우를 사랑하고 아우는 형을 공경해야 합니다. 조금이라도 노여움을 갖거나 원망을 품어서 하늘이 준 마땅한 도리를 잘못되게 해서는 안 됩니다.

옛 성현들은 어려서는 어버이를 사랑할 줄 알아야 하고, 자라서는 형을 공경할 줄 알아야 한다고 말씀하셨습니다.

## 朋友有信 (붕우유신) 벗과 벗은 믿음이 있어야 한다.

벗과 벗은 같은 또래의 사람인데, 세 가지의 이로운 벗이 있고, 세 가지의 해로운 벗이 있습니다.

정직한 사람, 미더운 사람, 지식이 많은 사람을 벗하면 자신에게 이롭고, 형식만 차려 진실성이 없는 사람, 남의 환심만 사는 성실성이 없는 사람, 말로만 아는 체하고 실속이 없는 사람을 벗하면 자신에게 해롭습니다.

벗이란 서로 훌륭한 덕을 벗 삼는 것입니다. 세상 누구나가 그 벗을 믿고 사귐으로써 좋은 일이 이루어집니다.

이러한 까닭으로 벗은 반드시 단정한 사람과 자기보다 나은 사람을 가려 사귈 것이며, 벗이 혹 잘못하는 일이 있으면 착한 행실을 하도록 권하고 간절한 마음으로 그런 잘못을 하지 않도록 충고하여 바른길로 인도해야 합니다.

벗과 사귀며 놀 때는 훌륭한 지식과 착한 행실을 서로 잘 갈고 닦아야 합니다. 그저 서로 어울리며 쓸데없는 놀이와 익살로만 친해진다면 어찌 오래 사귈 수 있겠습니까? 벗을 잘 사귀는 도리는 공경을 으뜸으로 하고, 미더워야 한다고 옛 성현들은 말씀하셨습니다.

–박세무의 『동몽선습』에서

## 나는 태권어린이

나는 태권도를 연마하여 다음과 같은 어린이가 되겠습니다.

▶ **태권도장에서의 예절**

태권어린이는 태권도를 연마하며 정직, 자주, 성실, 절제, 책임, 용기, 효도, 예절, 협동, 민주적인 대화, 준법, 정의, 배려, 애국 · 애족, 평화, 통일, 생명존중, 자연애, 사랑을 실천하는 어린이로 자랄 것입니다.

관장님과 사범님은 태권어린이가 부모님처럼 섬겨야 하는 분들입니다.
관장님과 사범님의 말씀을 잘 듣고 실천해야 합니다.
같은 도장의 선배와 후배들은 서로 신뢰하며 아끼고 사랑해야 합니다.
선배는 후배를 윽박지르고 혼내는 사람이 아닙니다.
잘 모르는 후배를 감싸 주고 이끌어 주는 것이 진정한 선배입니다.

태권어린이는 태권도를 연마하며 자기를 사랑하고 수양을 통해 자기를 발견하고, 긍정적인 태도를 가지며, 도덕성을 키울 것입니다.

태권어린이는 태권도를 연마하며 다른 사람에 대한 관심과 배려를 키워, 다른 사람에 대한 연민과 동정, 돌보고 나누며, 서로 존중하는 마음을 키울 것입니다.

태권어린이는 태권도를 연마하며 내가 소속된 도장과 학교에 헌신하고 소속감을 잊지 않겠습니다. 공동체 의식을 가지고 도장과 학교의 발전을 위해 노력하며 우리 의식을 함양하겠습니다.

## ▶ 태권어린이의 마음가짐

### ❖ 내 일 스스로하기

자기가 할 일을 스스로 하는 어린이, 가슴을 펴고 자신감 있는 어린이, 잘 씻어서 늘 청결한 어린이, 옷차림은 단정하게 하고, 학교나 집에서 약속과 규칙을 잘 지키는 어린이, 절약하며 아껴 쓰는 어린이

### ❖ 예절 지키기

어른을 만나면 "안녕하세요?" 인사하는 어린이, 식사 후에는 "맛있게 먹었습니다." 라고 인사하는 어린이, 선물을 받으면 "감사합니다." 라고 인사하는 어린이

### ❖ 다른 사람 생각하기

친구들과는 사이좋게 지내고, 여럿이 쓰는 물건은 아껴서 쓰고, 쓰레기는 바르게 처리합니다.

약속은 소중히 여기고 실행하며, 깨끗한 환경을 만들도록 합니다.

### ❖ 질서 지키기

도장이나 학교에서 차례를 잘 지킵니다.

### ❖ 나라사랑하기

내가 태어나고 자라는 나라에 대한 고마움을 가지고, 나라를 사랑합니다. 우리나라의 신나는 명절을 알아보고, 자랑스런 우리나라에 대해 알아봅니다.

## ▶ 가족 사랑, 이웃 사랑, 나라 사랑하는 태권어린이

### ❖ 태권어린이는 가족을 사랑합니다.

태권어린이는 부모님께 효도합니다.
태권어린이는 형제자매와 사이좋게 지내는 어린이입니다.
태권어린이는 나의 가족을 소중히 여깁니다.

### ❖ 태권어린이는 이웃을 사랑합니다.

태권어린이는 친구를 소중히 여기고, 나도 남에게 좋은 친구가 되어 주는 어린이입니다.
태권어린이는 어른과 스승을 공경하는 어린이입니다.
태권어린이는 주위 사람들을 돌아보고, 나를 필요로 하는 곳에 도움을 주는 어린이입니다.

### ❖ 태권어린이는 나라를 사랑합니다.

태권어린이는 우리나라를 자랑스럽게 여깁니다.
태권어린이는 우리나라에 대하여 더 알고자 노력합니다.
태권어린이는 우리나라를 바르게 알리고자 노력합니다.
태권어린이는 작은 일이라도 우리나라를 사랑하는 일을 실천합니다.

## 태권도의 품새

품새란 공격과 방어의 기술을 규정된 형식(틀)에 맞추어 혼자 수련할 수 있도록 이어 놓은 동작이다. 따라서 품새는 공격과 방어의 기본동작을 연결, 수련함으로써 겨루기 기술향상과 동작응용 능력배양 그리고 기본동작에서는 익힐 수 없는 특수기술의 연마(숙달)를 할 수 있는 장점을 지니고 있다.

품새는 품새선에 따라 수련하는데 품새선이란 품새를 할 때 발의 위치와 그 이동방향을 선으로 표시한 것을 말한다.

태권도의 품새에는 여러 가지가 있습니다. 그 중 태권어린이는 태극 품새를 연마할 것입니다. 태극 품새는, 앞에서 우리가 익힌 태극기의 근원이 되는 태극을 바탕으로 만들어진 품새입니다.

❖ 태극의 깊은 사상과 뜻을 담아

품새선과 서기가 변화되지 않는 태권도 기본 사상을 배경으로 태권도 입문 초기의 유급자를 대상으로 태권도를 익힐 수 있게 제정되었습니다. 태극의 일원 사상을 근간으로 하되 조화와 근본 이치의 형사인 팔괘를 일괘씩 품새에 배정하여 태권도 정신과 기술의 깊이와 넓이를 경건하게 받아들이게 했습니다. 태극8괘에는 건, 태, 이, 진, 손, 감, 간, 곤괘가 있습니다.

그 외 품새에는 어떤 것이 있을까요?

❖ 태권도의 띠에는 무엇이 있을까요?
띠 그림에 색을 칠하세요

흰띠-기본 동작

노란띠-태극 1장

노란띠 반-태극 2장

초록띠-태극 3장

초록띠 반-태극 4장

파란띠-태극 5장

파란띠 반-태극 6장

밤띠-태극 7장

빨간띠-태극 8장

이 이후에 띠가 바뀔 때는 국기원에서 승품(승단) 심사를 봐야 합니다.

품띠(1품)-고려<br>검정띠　　1단

빨강<br>검정

검정띠가 제일 마지막인데요, 이때부터는 띠 색깔은 그대로고, 단수만 올라가게 됩니다. 4품까지는 품띠가 제일 마지막입니다. 만 18세 미만은 품이라 부르고, 18세 이상은 단이라 부릅니다.

2품<br>2단 -금강

3품<br>3단 -태백

4품
4단 -평원

5단-십진

6단-지태

7단-천권

8단-한수

9단-일여

❖ 나의 태권도복을 색칠해 보세요.

## 효(孝)

'효'는 행인(行仁)의 근본이다. – 공자

사람은 누구나 부모님이 계셔서 이 세상에 태어납니다.

아버지 어머니도 할아버지 할머니가 계셨기 때문에 이 세상에 태어날 수 있었던 것입니다. 그래서 오늘날 나를 있게끔 해 주신 분들께 대한 감사를 표시하는 것입니다. 이런 감사의 표시나 은혜를 갚는 일은 사람만이 할 수 있습니다. 효도를 하는 데는 겉으로 하는 물질적인 효도와 속으로 하는 정신적인 효도가 있습니다. 물질적인 효도는 경제적으로 어려움을 겪지 않게 하는 효도라면 정신적인 효도는 경제적으로는 넉넉하지는 않더라도 정성껏 잘 섬기고 언제나 마음을 편하게 해 드리는 효도입니다.

공자님은 겉으로 드러나는 물질적인 효도보다는 속으로 편하게 받드는 정신적인 효도를 더 높이 생각하셨습니다. "부모님께 음식을 마련해 드리는 것만으로 효도라고 생각하지 말라. 먹여서 기르는 개나 말도 마찬가지다. 부모는 물론 잘 받들어야 하지만 공경을 해야 한다." 고 말씀하시며 효도를 강조하셨습니다.

## 옛 이야기 속의 효

### ▶ 어머니를 위하여 종이 된 지은

신라 시대 때, 지은이란 처녀가 살았습니다. 지은의 아버지는, 그녀가 아주 어렸을 때 돌아가셨습니다. 돌보아 주는 사람도 없었기 때문에 지은은 어머니와 함께 가난하게 살았습니다. 그런데 어느 날 어머니마저 이름 모를 병으로 앓아눕게 되었습니다.

그녀는 아침 일찍부터 저녁 늦게까지 남의 집 일을 거들어 주고 얻어 온 곡식으로 어머니를 모셨습니다. 그렇지만 일거리가 날마다 있는 것은 아니었습니다. 그래서 어머니의 약을 지어 드리기는커녕 끼니를 거르는 날이 더 많았습니다.

'하루 세 끼 진지를 지어 드리는 것도 힘든데, 약 살 돈은 더욱 엄두를 못 내겠구나. 그래, 어머니의 병을 고치기 위해서는 어쩔 수 없어.'

그녀는 부잣집 여종으로 들어갔습니다. 다행히 그 집에서는 지은이의 딱한 사정을 알고 배려해 주었기 때문에 그녀는 어머니께 아침저녁으로 따뜻한 밥을 지어 드리고 약도 사다 드릴 수 있게 되었습니다.

어느 날 어머니가 말씀하셨습니다.

"그전에는 음식이 거칠어도 맛있었는데, 요즈음에는 기름진 음식을 먹어도 맛있는 줄 모를 뿐 아니라, 가슴을 도려내듯 아프니 무슨 까닭인지 모르겠구나. 나 모르는 무슨 일이 있느냐?"

그녀는 차마 어머니께 거짓말을 할 수가 없어서 사실대로 남의 집 여종이 되었다는 것을 말씀드렸습니다.

"늙고 병든 어미가 분수에 넘게 오래 살고 있어서 나이 찬 네가 시집도 못 가고 남의 집 여종살이를 하고 있구나. 아, 이 일을 어쩌면 좋은가. 어서 빨리 내가 죽느니만 못하구나."

지은이, 남의 집 여종이 되었다는 말을 듣자 그녀의 어머니는 방바닥에 머리를 찧으며 통곡했습니다. 그것을 보고 그녀도 어머니를 붙들고 대성통곡을 했습니다.

그때 효종이라는 화랑이 길을 지나다가 우연히 그 울음소리를 듣게 되었습니다.

'한밤중에 웬 여인네 울음소리란 말인가? 괴이한 일이로구나.'

그는 울음소리가 나는 곳을 찾아갔습니다. 효종은 방문 밖에서 모녀의 울음소리를 듣다가 그들의 딱한 사정을 모두 엿듣게 되었습니다.

'참으로 딱한 일이구나.'

효종은 집으로 돌아와 부모님께 모녀의 딱한 사정을 말씀드렸습니다. 그리고 곡식 1백 섬과 의복을 보내 주도록 청했습니다. 그리고 그는 지은을 여종으로 삼은 부잣집을 찾아갔습니다.

부잣집 주인도 효종 화랑의 뜻에 찬성해서 지은을 자유의 몸이 되도록 풀어 주었습니다. 이 소식은 순식간에 나라 안에 널리 퍼졌습니다.

"우리도 지은 처녀를 도와 주자."

"우리도 돕겠소."

화랑 천여 명이 각각 곡식을 한 섬씩 보내 주었습니다.

임금님도 이 소식을 듣고 갸륵한 그녀에게 벼 5백 석을 보내 주었을 뿐 아니라 어의를 보내 어머니의 병환을 다스리도록 했습니다.

### ▶ 자기 아들을 묻으려 한 손순

손순(孫順)은 모량리(牟梁里) 사람으로서 아버지는 학산(鶴山)이었습니다. 아버지가 세상을 떠나자 그는 아내와 함께 남의 집에 품을 팔아 늙은 어머니를 봉양했습니다.

손순에게는 어린아이가 있었는데, 언제나 어머니의 음식을 빼앗아 먹으므로 손순은 이를 민망히 여겨 그 아내에게 이렇게 말했습니다.

"여보, 아이는 다시 얻을 수 있지만 어머니는 다시 얻기 어렵소. 이제 아이가 저렇게 어머니 음식을 빼앗아 먹으니 어머니의 굶주림이 얼마나 심하겠소? 차라리 이 아이를 땅에 묻어 버려서 어머니를 배부르게 해 드리는 것이 좋겠소."

손순은 아이를 업고 취산(醉山) 북쪽 들로 가서 땅을 팠습니다. 얼마간 땅을 파 들어갔는데, 거기에서 기이한 석종(石鐘)이 나왔습니다. 손순 내외는 놀라고 이상히 여겨 나

무 위에 걸고 그 종을 쳐보았습니다. 종소리가 어찌나 은은하고 고운지 마치 하늘에서 들려오는 소리 같았습니다.

"이처럼 기이한 물건을 얻은 것은 아이의 복 같으니 도로 데리고 갑시다."

아내의 말에 남편 역시 그렇게 생각하여 아이와 함께 종을 가지고 집으로 돌아왔습니다.

손순 내외는 종을 들보에 달고 두드렸는데 종소리가 대궐에까지 울려퍼졌습니다.

종소리를 들은 흥덕왕(興德王)이 이렇게 분부를 내렸습니다.

"서쪽 교외에서 이상한 종소리가 나는데 더없이 맑고 은은하게 들리니 속히 조사해 보라."

명을 받은 신하가 손순의 집까지 찾아가 앞뒤 사정을 자세히 아뢰었습니다.

"옛날 곽거(郭巨: 손순처럼 땅을 파다가 금솥을 얻은 중국 사람)가 아들을 파묻으려 할 때 하늘이 금솥을 내렸다더니, 손순이 그와 똑같은 사정으로 아이를 묻으려다 석종을 얻었으니 이 두 효도는 천지에 똑같은 본보기로다."

흥덕왕은 신하들에게 그렇게 말하며, 집 한 채와 해마다 곡식 50석을 내리게 함으로써 그 지극한 효성을 높이 기렸습니다.

이에 손순은 전에 살던 집을 절로 만들어 이름을 홍효사(弘孝寺)라 하고 석종을 모셨습니다.

진성왕 때에 후백제의 사나운 도둑이 그 마을에 쳐들어와, 종은 없어지고 절만 남게

되었습니다. 그 종을 얻은 곳의 지명이 완호평(完乎坪)이었는데, 잘못 전해져서 지량평(枝良坪)으로 부르게 되었다고 합니다.

### ▶ 춤추는 아들

「구운몽」과 「사씨남정기」로 유명한 김만중은 유복자로 태어나 홀어머니 밑에서 자랐습니다. 김만중은 열심히 공부하여 스물아홉 살 때 과거에 장원으로 급제했습니다.

"어머니, 과거에 급제하고 돌아왔습니다."

아들이 돌아오자 어머니는 난생 처음으로 눈물을 흘렸습니다. 남편을 잃었을 때도 울지 않은 어머니였습니다.

"아비 얼굴도 모르고 태어난 내 아들이 과거에 급제하여 효도를 하였으니, 오늘같이 기쁜 날은 없다. 가까운 이웃과 친척을 불러 잔치를 열어야겠구나."

잔치 전날 밤, 김만중은 형과 함께 의논을 하였습니다.

"어머니는 저희들이 어릴 때 재롱부리는 것을 보고 제일 즐거워하셨다지 않습니까? 형님, 내일 우리 둘이서 ……."

귀엣말을 들은 형이 고개를 끄덕였습니다.

다음 날, 잔치가 흥겹게 벌어지고 있을 때, 김만중은 형과 함께 색동옷을 입고 어머니 앞에 나타나 어린아이처럼 춤을 추었습니다. 어른이 색동옷을 입은 것도 그랬지만, 수염을 꺼떡꺼떡하며 춤추는 모습은 참으로 우스꽝스러웠습니다.

"호호호, 녀석들이 어른이 되어서도 내 앞에서 재롱을 부리는구나."

윤씨 부인은 형제가 어머니를 위해 그런다는 것을 잘 알고 있었습니다. 어머니는 형제의 효도에 감격하여 또 한 번 눈물을 흘렸습니다. 김만중의 효도 춤은 잔치에 모인 사람들에게도 큰 기쁨과 감동을 안겨 주었습니다.

그 뒤부터 회갑 잔치 때는 김만중의 본을 떠서 자식들이 부모 앞에서 춤을 추어 보이는 광경이 부쩍 늘었습니다. 귀양 가서 어머니를 위해 쓴 「구운몽」은 우리나라 국문 소설의 길을 터 준 작품입니다.

## 생각해 보기

1. 효도(孝道)란 무엇일까요? (자신의 생각을 써 보세요.)

2. 내가 우리 부모님을 기쁘게 해드렸을 때는, 언제인가요?

3. 일상 생활에서 효도를 실천하기 위해 내가 할 수 있는 일들을 써 보세요.

# 우애, 우정

우애 – 형제 간의 사랑
우정 – 친구 간의 사랑

## ▶ 우애

형제는 부모로부터 같은 몸을 받아 태어났습니다. 그래서 한 몸과 같다고 합니다. 그러므로 형제들끼리는 한 몸처럼 구별이 없어야 합니다. 먹는 음식은 물론이고 입는 옷도 같아야 합니다. 형은 굶고 있는데 동생은 배부르고, 동생은 헐벗어 추위에 떨고 있는데 형은 따뜻하게 입고 있다면 참으로 부끄러운 일입니다. 이는 마치 몸뚱이 가운데 한쪽은 병이 들고 한쪽은 건강한 것과 마찬가지입니다. 요즘 사람들이 형제 간에 서로 사랑하지 않는 것은 부모님을 사랑하지 않는 데서 비롯됩니다. 부모님을 사랑하는 마음이 극진하다면 어찌 형제 간에 서로 사랑하지 않겠습니까?

형제가 만약 사이가 나쁘거나 착하지 못한 행실이 있다면 마땅히 정성껏 타일러 알아듣도록 말해야 합니다. 이때도 화난 얼굴로 심하게 꾸짖어서 형제 간의 우애를 깨뜨려서는 안 됩니다.

–『격몽요결』

## ▶ 우정

살아가면서 우리는 친구를 사귀게 됩니다. 친구끼리는 서로 정을 주고받으며 서로 도와 가며 삽니다. 그러나 이 세상 수많은 사람 중에서 서로 만나 정답게 사귀며 살아갈 수 있는 친구는 그리 많지 않습니다. 율곡 선생은 친구를 사귀는 데 조심할 일을 다음과 같

이 말씀하셨습니다.

"친구를 사귀는 데는 여러 가지 조심할 일이 있습니다. 첫째, 학문을 좋아하고 착한 것을 좋아하는 사람이어야 합니다. 둘째, 행동이 바르고 엄숙해야 합니다. 셋째 마음이 정직하고 모든 일에 성실한 사람이어야 합니다. 이런 친구를 사귀면서 그 친구가 하는 충고는 무엇이나 마음 속에 거리낌없이 받아들여 자신의 잘못된 생각이나 행동을 고쳐 나가야 합니다. 만약 게으르고 정직하지 못하며, 남의 비위나 맞추는 친구를 사귀게 되면, 그만큼 자신의 행동도 나빠지는 것입니다."

–『격몽요결』

## 옛 이야기 속의 우애

### ▶ 우애가 없어 나라를 망하게 한 남생 형제

고구려의 대막리지 연개소문이 죽고 나자 큰아들인 남생이 그 뒤를 이어 고구려를 다스렸습니다. 그때는 고구려를 정복하려고 호시탐탐 노리는 당나라가 끊임없이 전쟁을 일으켰습니다.

어느 날 대막리지 남생이 지방 순시를 떠났습니다. 그러자 남생을 싫어하던 간신들이 남생의 동생인 남건과 남산을 꼬드겼습니다.

"남생이 평양으로 돌아오면 당신들 두 형제를 죽일 것입니다."

두 형제는 믿지 않았지만 또 다른 간신이 남생에게 가서 모략을 꾸몄습니다.

"평양에 있는 두 동생이 막리지께서 평양으로 못 돌아오게 할 것입니다." 의구심이 생긴 남생은 부하를 평양으로 몰래 보내 사정을 알아오게 했습니다. 그런데 그 부하가 두 동생에게 잡혀 버렸습니다. 남생은 남건이 자기 부하를 사로잡은 것에 더 의심을 하곤 평양으로 돌아가지 않았습니다.

남건은 형이 돌아오지 않자 자신의 조카인 남생의 아들을 죽였습니다. 이 소식을 들은 남생은 급히 국내성으로 도망을 갔습니다. 그러고는 남건이 군사를 보내자 자기 목숨을 구하기 위해 당나라에 군사를 보내 달라고 요청을 했습니다.

당나라는 그전 수나라 때부터 70여 년 동안이나 고구려를 정복하기 위해 전쟁을 해 왔었는데 좋은 기회라고 생각하고 남생을 구해 주었습니다. 마침내 남생은 당나라의 길잡이가 되어 고구려를 침략합니다. 그래서 형제 간에 피비린내가 나는 전쟁이 시작되어 고구려는 신라와 당나라 연합군에 멸망하고 맙니다. 형제 간의 불화가 고구려라는 대제국을 멸망하게 하고 수많은 사람들이 노예가 되는 아픔을 겪게 하였습니다.

### ▶ 이조년 형제의 우애

옛날 아주 사이좋은 형제가 산길을 걷고 있었습니다.

"형님 저게 뭘까요?"

"어떤 거?"

"저기 번쩍거리는 돌 말입니다."

형제가 가까이 가 보니 금덩어리 두 개가 놓여 있었습니다.

"형님, 이것은 금덩어리입니다."

"그래 두 개니까 하나씩 나눠 가지면 되겠다."

금덩어리를 하나씩 나눠 가진 가난한 형제는 가던 길을 재촉했습니다.

강을 만난 형제는 나룻배를 얻어 타고 강을 건너게 되었습니다. 사람들은 배 안에서 강물을 바라보면서 이야기를 나누고 있었습니다. 그런데 형제는 아무 말도 없었습니다. 무언가 골똘히 생각에 잠긴 것입니다. 그러다가 갑자기 벌떡 일어난 동생이 금덩어리를 꺼내어 강물에 던져 버렸습니다.

"풍덩!"

형은 깜짝 놀랐습니다.

"아니 왜 아까운 금덩이를 버리느냐?"

동생은 말했습니다.

"형님, 제가 금덩이를 줍기 전까지는 형님에 대한 마음이 변함이 없었습니다. 그런데 금덩이를 줍고 보니 형님이 없었으면 형님 금덩이도 내 것이 되었을 텐데, 하는 못된 생각이 들었습니다. 그러니 차라리 이런 금덩이는 없느니만 못 합니다. 이 말을 들은 형도 품에서 금덩이를 꺼내어 강물에 던져 버렸습니다.

"아우야, 사실은 나도 그런 못된 생각을 했단다. 이 세상에 형제 간의 우애보다 더 중요한 것이 무엇이란 말이냐. 아우야 미안하다."

"형님"

형제는 서로 굳게 부둥켜안았습니다. 그 뒤로 형제 간의 우애는 더 깊어졌고 사람들은 모두 형제를 칭송했습니다.

고려 때의 어진 재상이었던 이조년 형제의 어린 시절 이야기입니다.

## 옛 이야기 속의 우정

### ▶ 관포지교(管鮑之交)

관중은 춘추 전국 시대에 처음으로 천하를 제패하고 자신의 통치 사상을 실현한 정치 사상가입니다. 관중은 공자에게 지대한 영향을 주었고 제갈공명이 평생 존경하고 닮으려 했던 인물입니다.

관중은 일찍이 포숙아와 함께 생선 장사를 했습니다.

그런데 장사가 끝나면 관중은 포숙아보다 두 배 이상의 수입을 가져갔습니다. 포숙아는 주위 사람들에게 이렇게 말했습니다.

"관중은 집안이 가난하고 식구도 많다. 그래서 내가 일부러 사양한 것이다."

함께 전쟁에 나아가서는 관중이 세 번이나 도망을 하였는데도, 포숙아는 그를 비겁자라 생각하지 않고 그에게는 늙으신 어머님이 계시기 때문이라고 그를 두둔해 주었습니다.

또한 포숙아는 "만일 관중이 때를 잘 만나 일을 하면 백 번에 한 번도 실수가 없을 것이다. 그러니 그대들은 함부로 관중을 비난하지 마라." 고 관중을 감싸 주었습니다.

이와 같이 포숙은 관중을 끝까지 믿어 주었고, 관중도 일찍이 포숙을 가리켜 "나를 낳은 것은 부모지만 나를 아는 것은 오직 포숙뿐이다." 고 말하였습니다.

## ▶ 진정한 친구

어떤 사람이 아들을 하나 두었는데, 그는 언제나 못된 친구들과 어울려 다니느라 집에 들어앉아 있는 때가 하루도 없었습니다.

아버지는 어느 날, 아들을 불러 놓고 말했습니다.

"너도 이제 철들 나이가 되었으니, 제발 사람 구실 좀 하거라. 밤낮 못된 친구들과 어울려 다니면서 나쁜 짓만 일삼지 말고……."

"아버님, 제 친구들이 어때서요? 모두 다 다시없이 좋은 젊은이들인데요."

"아니다. 친구라고 다 친구가 아닌 게야. 참된 친구란 기쁠 때나 슬플 때나 한결같이 함께하는 법이다. 심지어는 친구 때문에 자신이 큰 고통을 겪을지라도 원망하지 않아야 해."

"맞아요, 아버지. 제게는 그런 친구가 참 많아요."

아들은 자신 있게 말했습니다.

"오, 그래? 그렇다면……, 친구를 시험한다는 것은 옳지 않은 일이지만 누가 정말 좋은 친구를 두었는지 알아보기로 하자."

아버지는 그날로 돼지 한 마리를 잡았습니다. 그리고 술도 한 동이 빚었습니다.

한밤중이 되자, 아버지는 삶은 돼지를 거적에 싸서 아들에게 짊어지게 하고 자신은 술동이를 졌습니다.

먼저 아들과 가장 친하다는 친구의 집으로 갔습니다. 문을 두드리자, 잠시 후에 아들의 친구가 나왔습니다.

"아니, 이렇게 늦은 시간에 자네가 웬일인가?"

"간밤에 우리 집에 도둑이 들었는데, 쫓으려다 그만 잘못해서 죽이고 말았지 뭔가. 만일 관가에서 아는 날엔 꼼짝없이 사형을 당할 텐데, 날 좀 숨겨 줄 수 없겠나? 여기 거적에 싼 것이 바로 그 도둑의 시체일세."

그 말을 들은 친구의 얼굴이 새파랗게 질리더니, 이렇게 말했습니다.

"뭐라고? 살인을 한 놈이 뻔뻔스럽게 나를 찾아오다니, 어서 썩 꺼져 버려! 만일 조금이라도 머뭇거리면 관가에 고발할 테니!"

그러고는 얼른 문을 닫고 들어가 버렸습니다.

아들은 두말도 못 하고 발길을 돌렸습니다. 계속해서 대여섯 군데를 더 찾아갔지만, 하나같이 냉정하게 돌아서는 것이었습니다.

"애야, 이제 그만 아비의 친구 집으로 가 보자꾸나."

어느 집 앞에서 발걸음을 멈춘 아버지가 문을 두드렸습니다. 얼마 후 아버지의 친구가 나오자, 아버지는 아까 아들이 했던 말과 똑같은 이야기를 들려주었습니다.

아버지의 친구는 깜짝 놀라며 아버지의 손을 덥석 잡았습니다.

"아니, 그래. 어쩌다가 그런 일이……! 아무튼 어서 들어가서 함께 의논해 보세."

두 사람은 아버지의 친구를 따라 집으로 들어갔습니다.

"글쎄 이 사람아, 얼마나 놀랐나! 그나저나 어디 다치지는 않았는가?"

그제서야 아버지가 빙그레 웃으면서 말했습니다.

"친구, 밤늦게 찾아와 놀라게 해서 미안하이. 사실은 저기 거적에 싼 것은 시체가 아니라 통돼지를 삶은 걸세."

난데없는 말에, 아버지의 친구는 어리둥절한 얼굴로 물었습니다.

"통돼지?"

"자네를 시험 대상으로 삼아서 미안하기 짝이 없네. 사실은 말이야……."

그제서야 아버지는, 아들에게 진짜 친구란 무엇인지 가르쳐 주기 위해 꾸민 일이라는 말을 털어놓았습니다.

"여보게, 어쨌든 내 못난 아들에게 본보기가 되어 준 보답으로 한턱 낼게. 이렇게 술도 안주도 준비해 왔으니까 말이야."

"원, 사람도 싱겁기는……."

친구가 아버지의 어깨를 치며 웃었습니다.

"보아라! 네게 진정한 친구가 퍽 많다고 했지만, 정작 너를 위험에서 구해 주려는 친구는 단 한 사람도 없었다. 서로의 덕(德)을 사귄 것이 아니었기 때문이다. 아비에겐 비록 친구가 한 명밖에 없지만, 자신의 위험을 무릅쓰고 친구를 구하려 들지 않느냐. 앞으로는, 단 한 명일지라도 가슴으로 만나고 마음으로 서로를 볼 수 있는 그런 참된 친구를 사귀도록 하여라."

## 생각해보기

### ▶ 우애에 대하여

1. 형제자매 간의 우애란 무엇일까요?

2. 나는 나의 동생(또는 언니, 오빠/형, 누나)과 사이좋게 잘 지내나요? 그렇지 못하다면 왜 그런가요?

3. 앞으로 나의 형제자매와 사이좋게 지내기 위해서 나는 어떻게 해야 할까요?

### ▶ 우정에 대하여

1. 내 친구들의 이름을 적어 보세요.

2. 내가 친구를 도와 주었거나, 친구의 도움을 받았던 일을 써 보세요.

3. '좋은 친구' 란 어떤 친구일까요?

4. 나는 어떻게 하면 내 친구들에게 '좋은 친구' 가 될 수 있을까요?

# 공경과 배려

**'덕불고필유린(德不孤必有隣)'**
덕이 있으면 외롭지 않다. 반드시 이웃이 있다는 말

사람이 살아간다는 것은 남을 위해 무엇인가를 베풀어 가는 과정이라고 할 수 있습니다. 부모는 자식에게 사랑을 베풀고, 스승은 제자에게 가르침을 베풀고, 친구는 친구에게 우정을 베풉니다.

「홍부전」에서 홍부는 제비에게 은혜를 베풀었던 까닭에 제비로부터 박씨를 받아 큰 부자가 될 수 있었습니다. 이처럼 은혜를 베풀면 언젠가는 보답이 따릅니다. 훌륭한 인물이란 이웃과 국가에 많은 이로움을 베푸는 사람을 가리킵니다. 따라서 우리는 평소에 베풂을 실천하는 사람이 될 수 있도록 노력해야 합니다.

## 옛 이야기 속의 공경과 배려

### ▶ 황희 정승과 두 마리의 소

고려 말기, 황희 정승이 관직에서 물러나 잠시 쉬고 있을 때의 일입니다.

도성을 빠져나와 논길을 걷는데 어떤 농부가 검은 소와 누런 소 두 마리를 이끌며 밭을 갈고 있었습니다.

황희는 그런 농부를 물끄러미 바라보다가 농부가 잠시 쉬기 위해 소를 저쪽에 두고 나무 밑으로 오자 이렇게 물었습니다.

"두 마리 소 중에 어떤 소가 일을 더 잘합니까?"

그러자 농부는 황희를 이끌고 한동안 걸어가더니 한참 만에야 황희의 귀에 대고 조그맣게 속삭였습니다.

"검은 소는 꾀를 부리지만 누런 소는 일을 잘하지요."

그런 농부를 보고 황희는 크게 웃으며 말했습니다.

"아니, 하찮은 소에 대해서 물어 보는데 굳이 여기까지 와서 귀에 대고 속삭일 필요가 무엇이 있습니까?"

그랬더니 농부는 약간은 노기를 띠며 황희에게 말했습니다.

"글을 배운 선비라는 이가 어쩌면 그처럼 말을 하시오! 아무리 하찮은 동물이라도 자신에게 나쁜 말을 하면 싫어하는 법이오. 비록 가축일지라도 그 마음은 사람과 같습니다. 이것이 나으면 저것이 못할 것이니, 소로 하여금 그것을 듣게 하면 어찌 불평하는 마음이 없겠습니까? 그래서 이렇게 소에게서 멀리 떨어진 곳까지 와서야 속삭인 것입니다!"

이 말을 듣고 크게 깨달은 황희는 다시는 남의 장단점을 함부로 말하지 않게 되었습니다.

## ▶ 두더지가 된 며느리

어느 산골에 눈먼 어머니를 모시고 사는 아들이 있었습니다. 그 아들은 효성이 지극하여, 가난한 살림에도 불구하고 어머니의 밥상에 고기반찬을 거르는 일이 없었습니다.

그러나 눈먼 어머니는 그럴수록 오히려 한탄을 했습니다.

"에이그, 내가 빨리 죽어야 네 고생이 덜어질 텐데……."

"아이고, 어머님! 무슨 말씀을 그리하셔요? 저희들이 잘 모실 수 있을 만큼 넉넉해질 때까지, 더 오래오래 사셔야지요. 앞으로는 행여 그런 섭섭한 말씀일랑 하지 마셔요."

그러던 어느 날 아들에게 일이 생겨 얼마간 집을 떠나 있게 되었습니다.

"내가 없더라도 어머님을 잘 보살펴 드리시오. 그리고 끼니때마다 고기반찬 해 드리는 것 잊지 말고."

그런데 아들은 아내의 마음씨가 별로 곱지 않다는 것을 알고 있었기 때문에, 아내에게 부탁을 해 놓고도 속으로는 걱정을 하며 길을 떠났습니다.

아내는 남편이 떠난 다음, 끼니때마다 시어머니에게 고기반찬을 해 드리는 것이 아깝다는 생각이 들었습니다. 그래서 고기는 자기가 먹고, 시어머니에게는 지렁이를 잡아다 드렸습니다. 시어머니는 앞을 보지 못했기 때문에 지렁이를 고기로 알고 날마다 맛있게 먹었습니다.

시어머니는 한 끼도 거르지 않고 고기반찬을 해 주는 며느리가 고마워서 이렇게 말했습니다.

"며늘아가, 네가 무슨 돈이 있다고 날마다 고기반찬이냐? 그러지 않아도 나는 괜찮다."

며느리는 태연하게 거짓말을 했습니다.

"아니에요, 어머님. 뒷집에 가서 허드렛일을 해 주고 받은 돈으로 사 오는 거니까 염려 마셔요."

어머니는 집을 떠나 있는 아들이 생각나서, '우리 아들은 지금쯤 객지에서 얼마나 고생이 심할까? 어미 혼자서만 맛난 것을 먹을 수는 없지.' 하며 아들이 돌아오면 주려고 조금씩 아껴 모아 두었습니다.

이윽고 멀리 갔던 아들이 돌아왔습니다.

"여보, 그동안 고생이 많았소. 그래, 어머니께 고기반찬은 꼬박꼬박 해 드렸소?"

아들의 묻는 말에 어머니가 나서서 자랑스레 말했습니다.

"얘야, 그동안 며늘아기가 내게 얼마나 잘 해 주었는지 모른단다. 그러나 멀리 있는 네 생각이 나서 그 맛있는 것을 다 먹을 수가 없더구나. 그래서 네가 돌아오면 맛이나 보이려고 여기 말려 두었느니라."

그러면서, 모아 놓은 지렁이를 꺼냈습니다. 어머니가 꺼내 주는 지렁이를 본 아들은, 너무나 놀란 나머지 아무 말도 하지 못했습니다.

그때였습니다.

별안간 하늘이 시꺼멓게 변하더니 천둥 번개와 함께 장대비가 쏟아지기 시작했습니다.

뒤이어서 '우르릉 쾅!' 하는 소리와 함께 며느리에게 벼락이 떨어졌습니다.

보다 못한 하늘이 며느리에게 벌을 내렸던 것입니다.

이리하여 죽은 며느리의 혼은 두더지가 되어 지금도 땅 속에서 지렁이만 먹으며 살게 되었답니다.

### ▶ 다 내 잘못이다

몹시 가난했지만, 아주 화목하며 부지런하게 사는 가족이 있었습니다. 그런 까닭에 그 집 앞을 오가는 사람들은 언제나 밝은 웃음소리를 듣곤 했습니다.

"이 집은 어쩌면 저리도 화목하게 살까? 참 부러운 일이야!"

마을 사람들은 이렇게 칭찬을 아끼지 않았습니다.

어느 겨울, 함박눈이 펑펑펑 내리는 날, 아버지가 이렇게 말했습니다.

"오늘처럼 눈이 오는 날은 찰떡이나 먹었으면 좋겠다."

이 말을 들은 며느리는 옆집에 가서 찹쌀을 약간 얻어다가 떡을 하기로 하였습니다.

시어머니는 며느리의 솜씨를 보려고 방 안에서 나오지 않고, 말했습니다.

"아가, 솥에 물을 조금 붓고 그 위에 시루를 건 다음 찹쌀가루를 넣고 불을 때거라. 불은 살살 때야 하느니라."

며느리는 시키는 대로 했습니다.

"찰떡을 찌기엔 좀 부족하겠는데? 얼른 산에 가서 나무를 지고 와야지."

마침 부엌에 들어온 남편은 이렇게 말하면서 지게를 지고 나갔습니다.

며느리는 떡을 만드는 데 자신이 없었습니다.

“그나저나 불을 얼마나 때야 하지? 에라, 모르겠다. 불을 많이 때면 푹 익겠지.”

한참 불을 때고 있으니까 김이 무럭무럭 났습니다.

“김이 나는 것을 보니까 이제 조금만 더 때면 되겠구나.”

그러면서 부엌에 있는 나무를 바닥까지 다 긁어서 불을 땠습니다.

이제 더 땔 나무가 없을 무렵 ‘탁!’ 소리가 나더니 곧이어 ‘쨍!’ 하는 소리가 났습니다.

불을 너무 많이 땠기 때문에 솥이 깨지고 시루가 터져 버린 것입니다. 솥에 부었던 물이 다 닳아서 벌겋게 달구어졌다가 마침내 깨져 버린 것입니다. 떡은 그만두고라도 살림살이가 깨져 버렸으니, 참말 큰일이었습니다.

“아니, 친정에서 어떻게 가르침을 받았으면 그까짓 떡 한 조각 변변히 쪄 내지 못하고 솥과 시루까지 깬단 말이냐?”

당장이라도 시어머니가 그렇게 호통을 치며 달려 나올 것만 같았습니다. 며느리는 어쩔 줄 몰라 발을 동동거리다가 그만 울음을 터뜨렸습니다.

안방에서 떡이 다 되기를 기다리던 시어머니가 부엌에서 훌쩍훌쩍 우는 며느리의 울음소리를 듣고 나왔습니다.

며느리는 바짝 겁이 나서 더 큰 소리로 울었습니다.

부엌에 나와, 깨진 솥과 시루를 본 시어머니는 무엇 때문에 며느리가 울고 있는지 짐작이 되었습니다.

시어머니는 겁에 질려 울고 있는 며느리의 등을 토닥이며 이렇게 말했습니다.

“아가, 울지 마라. 내가 진작 나와서 봐 주었더라면 이런 일이 없었을 텐데……. 아가야! 솥이나 시루는 장에 가서 다시 사 오면 되지 않겠느냐, 그까짓 일로 울 것 없다.”

그때, 나무를 하러 갔던 남편이 돌아와서 말했습니다.

“내가 진작 나무를 해 와서 불을 때 주었더라면 이런 일이 없었을 텐데…….”

또 나들이에서 돌아온 시아버지는 그 광경을 보고 이렇게 말했습니다.

“거참, 내가 공연스레 찰떡을 먹고 싶다고 해서 이런 일이 벌어졌구나. 다 내 잘못이다. 아가, 이젠 울지 말 거라.”

며느리는 서로 자신의 탓이라고 하는 식구들의 모습을 보고 어찌할 바를 몰랐습니다.

“아버님, 어머님! 저의 잘못을 나무라지 않으시고 이처럼 감싸 주시니 몸둘 바를 모르겠습니다. 앞으로는 이런 실수가 없도록 더욱 조심하겠습니다.”

“아니다. 다 어른들이 어른 노릇을 못 한 때문이다. 부엌은 내가 치울 테니 어서 방에 가서 몸이나 녹이도록 하여라."

이렇게 말하면서 시어머니는 깨어진 솥과 시루를 주섬주섬 챙겼습니다.

남의 잘못을 책망하기 전에 자신의 허물을 들여다보기는 결코 쉬운 일이 아닙니다. 비록 가난한 살림이지만, 이 집 울타리 너머로 웃음소리가 끊이지 않은 이유를 알겠지요?

남을 배려하는

## 인터넷 바른 생활 교실

1. 태권어린이는 음란물, 불건전한 정보를 이용하지 않습니다.
2. 태권어린이는 함부로 남을 욕하거나 비방하지 않습니다.
3. 태권어린이는 바이러스 유포나 해킹 등 불법행동을 하지 않습니다.
4. 태권어린이는 다른 사람의 정보를 보호하며, 자신의 정보도 잘 관리합니다.
5. 태권어린이는 불법 프로그램을 사용하지 않습니다.
6. 태권어린이는 사이버 공간이, 여러 사람들이 함께하는 공간임을 알고 남을 배려합니다.
7. 태권어린이는 다른 사람을 불쾌하게 하거나 해가 되는 일을 하지 않습니다.
8. 태권어린이는 인터넷에 너무 빠지지 않고, 적당하게 이용합니다.
9. 태권어린이는 인터넷 이용에 필요한 예절을 익힙니다.
10. 태권어린이는 인터넷 세상을 아름답게 가꾸는 데 앞장 섭니다.

–출처: 주니어네이버(재구성)

## 생각해 보기

1. 웃어른을 '공경' 한다는 것은 어떤 뜻일까요?

2. 남을 '배려' 한다는 것은 어떤 뜻일까요?

3. 주위에서 특별한 친구들(몸이 아픈 친구, 배우는 것이 힘든 친구, 외국인 친구)을 만나면, 어떻게 도와줄 수 있을까요?

# 나라사랑 "충"

세상에 나라 없는 국민은 없습니다. 한 나라는 국민을 근본으로 삼고, 국민은 나라의 힘으로 행복하게 살 수 있습니다. 그러므로 사람은 누구나 보다 잘 살기 위해서 그 나라를 사랑하고, 부강한 나라를 이룩하기 위하여 생명을 내걸고 충성을 다합니다.

–『조상의 가훈』에서

우리에게는 모두 가정이 있고 가족이 있습니다. 여러 가정이 모여 작은 마을이 되고 작은 마을이 모여 큰 마을이 되고 큰 마을들이 모여 하나의 나라를 이룹니다. 가정에는 부모님과 형제자매가 있어 서로 사랑하는 것을 효도와 우애라고 한다면 나라 사랑하는 것을 충이라고 합니다. 충은 나라에 대한 사랑, 임금에 대한 사랑 등을 들 수가 있는데 가정에 충성하는 것은 효라고도 할 수 있습니다.

우리 조상들은 임금님과 나라에 대한 충성을 아주 중요하게 생각했고 그것이 나라를 유지하는 기본 마음이었습니다. 오늘날에도 나라에 대한 충성스런 마음은 꼭 필요합니다. 그러한 마음이 없다면 나라를 사랑하는 마음이 없는 것입니다. 그러한 사람이 많으면 다른 나라에서 우리나라를 침략해도 지키고 싶은 마음이 안 생길 것입니다.

나라가 없어지면 우리의 가정을 지켜 주는 울타리가 없어지는 것입니다. 많은 어려움과 고통이 따를 수밖에 없습니다. 태권어린이는 나와 가족, 이웃이 행복할 수 있도록 나라에 충성하는 마음을 늘 간직하도록 해야겠습니다.

### ▶ 구진천의 천리노

신라 문무왕 때 활 쏘는 것으로 유명한 구진천이라는 사람이 있었습니다. 그는 평생 활을 만들고 쏘는 것만 연구하였습니다. 이런 집념으로 그는 천 걸음 밖의 과녁을 쏘아 맞힐 수 있는 천리노라는 놀라운 활과 화살을 만들어 냈습니다. 그 덕분에 신라 군사들은 모두 싸움에 나가기만 하면 승리할 수 있었습니다. 적의 모습이 보이기만 해도 천리노로 쏘아 맞히니, 당할 적이 없었습니다.

이 소문을 들은 당나라의 고종은 구진천에게 활 만드는 비법을 배우고 싶었습니다.

"여봐라! 신라의 구진천이 만든 활이 그토록 멀리 나간다더니 그를 초대해 오너라."

결국 구진천은 당나라로 건너갔습니다. 그를 만난 당의 고종은 기뻐하며 구진천에게 어서 활과 화살을 만들어 달라고 했습니다.

'내가 만일 천 걸음이나 나가는 활과 화살을 만든다면 당나라 군사들이 우리 신라 군사들과 똑같이 강해진다. 그러니 나는 도저히 그렇게 할 수는 없다.'

다음 날부터 구진천은 열심히 활을 만들었습니다. 좋은 대접을 받으면서 온갖 좋은 재료로 드디어 활과 화살을 만들었습니다.

"으하하하! 이것이 바로 그 유명한 천리노란 말인가?"

당나라 고종은 기뻐하며 활을 쏘아 보게 했습니다. 그러나 기대에 부풀었던 활은 고작 30걸음밖에 안 나가는 것이었습니다.

"아니 이게 어찌된 일이오?"

고종은 놀라 물었습니다.

"폐하! 아마도 당나라의 재료라 그런 모양이옵니다."

"그렇다면 당장 신라의 재료를 가져다 만드시오."

구진천은 얼마 후 또다시 신라에서 가져온 재료로 활과 화살을 만들었습니다.

당나라 고종은 기뻐하며 활을 쏘아보게 했습니다. 그렇지만 이번에도 겨우 60걸음밖에 나가지 않았습니다.

"아니 신라의 재료로 만든 활이 왜 이 모양이오?"

"폐하! 아마도 나무가 바다를 건너오면서 습기를 먹어서 그런 듯합니다. 당나라에서는 도저히 천리노를 만들 수 없습니다."

그러자 화가 머리끝까지 난 당나라 고종은 소리쳤습니다.

"여봐라! 저놈을 당장 처형하라!"

그러자 구진천은 말했습니다.

"폐하! 천리노는 신라의 활이지 당나라의 활이 아닙니다. 저를 죽이든 살리든 마음대로 하십시오."

꿋꿋한 구진천의 태도에 감격한 당나라 고종은 말했습니다.

"참으로 나라에 대한 의리를 지키는 충신이로다. 죽이지 말고 정중히 신라로 돌려보내라."

구진천은 자신의 고국인 신라에 대한 의리를 지킨 것입니다.

### ▶ 도산 안창호의 나라사랑

우리 민족의 독립을 위해 노력하셨던 도산 안창호 선생이 미국에 가서 연설할 때의 일이었습니다.

"여러분, 우리가 비록 나라를 잃어버리고 이렇게 나라 없는 백성으로서 설움을 받고 있지만 힘써 나라를 사랑합시다."

이때 한 학생이 자리에서 일어나 물었습니다.

"선생님, 사랑이란 마음 속에서 우러나오는 것이지 노력으로 되는 것은 아니지 않습니까? 저는 보잘것없는 우리나라를 도저히 사랑할 수 없습니다."

그러자 도산 안창호 선생은 이렇게 말했습니다.

"여러분, 사람의 감정은 노력하면 할수록 풍성해지고 커지고 높아지는 법입니다. 나라를 사랑하려고 노력해 보십시오. 분명히 사랑하게 됩니다."

### ▶ 하얼빈 역에 울려 퍼진 대한 만세!

안중근 의사는 1879년 황해도 해주(海州)에서 태어나 한학(漢學)과 무술, 신식 학문을 두루 배웠습니다.

1905년 을사늑약(을사조약)이 체결되자 1906년 삼흥(三興)학교를 세워 교육으로 백성을 깨우치는 일에 힘썼습니다. 그러나 일본이 강제적인 협정을 통해 우리나라를 식민지로 만들려 하자, 1907년 연해주(沿海州)로 망명하여 의병 운동에 참가하였습니다.

1909년 정재관, 김성무 등 동지 11명과 나라를 되찾을 때까지 목숨을 걸고 싸울 것을 맹세하며 손가락을 끊어 혈서를 쓰기도 했습니다. 그 해 10월 일본이 우리나라를 침략하는 데 앞장섰던 일본 총리대신 이토 히로부미[伊藤博文]가 러시아 재무대신을 만나기 위해 만주 하얼빈에 온다는 소식을 들었습니다. 안중근은 일본 침략의 만행과 대한 제국 독립에 대한 의지를 세상에 널리 알기 위해 이토 히로부미를 저격하기로 결심하고 우덕순(禹德淳), 조도선(曺道先), 유동하(柳東河)와 함께 뜻을 모았습니다.

안중근은 1909년 10월 26일 만주 하얼빈 역에 잠입하였습니다. 마침내 이토 히로부미가 기차에서 내려 의장대의 사열을 받으며 걸어 나올 때, 날카로운 총소리가 하얼빈 역에 울려 퍼졌습니다. 바로 안중근이 삼엄한 경비망을 뚫고, 강제로 을사늑약을 맺어

대한 제국의 주권을 빼앗은 이토 히로부미를 향해 방아쇠를 당긴 것입니다.

그날, 하얼빈 역에는 이토 히로부미를 환영하기 위한 군악대의 연주 대신, 안중근 의사가 외치는 "코레아 우라(대한 제국 만세)!"가 세계를 향해 울려 퍼졌습니다.

안중근은 재판 과정에서도 당당함을 잃지 않았습니다. 결국 1910년 2월 14일, 마지막 공판에서 사형이 선고되었습니다. 안중근은 '옳은 일을 했으니 구차하게 목숨을 구걸하지 않겠다.'며 항소도 하지 않은 채, 1910년 3월 26일 순국하였습니다.

안중근은 형이 집행되기 바로 전날 찾아온 두 동생에게 다음과 같은 글을 남겼습니다.

"내 뼈를 하얼빈 공원에 묻어 두었다가 우리나라가 주권을 되찾거든 고국으로 옮겨다오. 나는 하늘나라에 가서도 또한 대한 제국의 독립을 위해 힘쓸 것이다."

## 생각해 보기

백범 김구 선생님의 「나의 소원」을 읽고, 다음의 물음에 답해 보세요.

### 나의 소원

'네 소원이 무엇이냐?' 하고 하나님이 물으시면 나는 서슴지 않고,

"내 소원은 대한 독립이요."

하고 대답할 것이다. '그 다음 소원은 무엇이냐?' 하면 나는 또,

"우리나라의 독립이요."

할 것이요, 또 '그 다음 소원이 무엇이냐?' 하는 셋째 번 물음에도 나는 더욱 소리 높여서,

"나의 소원은 우리나라 대한의 완전한 자주 독립이요."

하고 대답할 것이다.

동포 여러분! 나 김구의 소원은 이것 하나밖에는 없다. 내 과거의 70 평생을 이 소원을 위하여 살아왔고, 현재에도 이 소원 때문에 살아 있고, 미래에도 나는 이 소원을 달성하려고 살 것이다. 독립이 없는 백성으로 70 평생에 설움과 부끄러움과 애탐을 받은 나에게는 세상에 가장 좋은 것이 완전하게 자주 독립한 나라의 백성으로 살아 보다가 죽는 일이다. 나는 일찍 우리 독립 정부의 문지기가 되기를 원하였거니와 그것은 우리나라가 독립국만 되면 나는 그 나라의 가장 미천한 자가 되어도 좋다는 뜻이다. 왜 그런고 하면 독립한 제 나라의 빈천이 남의 밑에 사는 부귀보다 기쁘고 영광스럽고 희망이 많기 때문이다.

1. 내가 태어나 살고 있는 우리나라가 어떠한 나라였으면 하고 생각하나요?

2. 우리나라가 내가 바라는 그런 나라가 되기 위해서 나는 무슨 일을 할 수 있을까요?

3. 내가 한국인임이 자랑스러웠던 때는 언제인가요?

4. 내가 실천할 수 있는 나라사랑을 적어 보세요.

## 닮고 싶은 위인 – 충무공 이순신

**"촛불을 밝히고 홀로 앉아 나랏일을 생각하니 무심결에 눈물이 흘렀다. 또 나이 여든이나 되신 병드신 어머니를 생각하며 뜬눈으로 밤을 새웠다."**

바다에 맹세하니 용이 느끼고
산에 맹세함에 초목이 아네.
이 원수 모조리 무찌른다면
내 한 몸 이제 죽는들 사양하리오.

이순신은 덕수 이씨 12대 손으로 1545년 4월 28일 건천동(지금의 서울 인현동)에서 부친 덕연군 이정의 4형제 중 셋째 아들로 태어났습니다.

1572년(선조 5) 무과에 응시했다가 달리던 말에서 떨어져 왼쪽 다리가 부러지는 부상으로 실격되었다가, 32세 때 비로소 급제한 뒤 첫 관직에 올랐습니다.

1591년(선조 24) 유성룡의 천거로 전라좌수사가 된 이순신은 왜군의 침략에 대비하여 군사를 훈련시키고, 무기를 정비하였습니다.

이듬해 임진왜란이 일어나자 옥포에서 일본 수군과 첫 해전을 벌여 30여 척을 격파하였습니다(옥포대첩). 이어 사천에서는 거북선을 처음 사용하여 적선 13척을 쳐부수는 등(사천포해전) 계속되는 전투에서 승승장구하여 일본 수군은 이순신이라는 이름만 들어도 겁을 내었다고 합니다.

이순신이 이끄는 조선 수군이 예상 외로 선전하자 일본의 조선 침략 계획은 큰 차질을 빚게 되었습니다. 이에 일본은 이순신을 제거하려는 음모를 꾸몄고, 결국 이순신은 일본의 계략에 넘어간 조정 대신들의 모함을 받아 억울한 옥살이를 하게 되었습니다. 옥고를 치르고 다시 삼도수군통제사에 임명되어 돌아왔지만 막강했던 조선 수군은 대부

분 왜군에게 격파되고 겨우 전선 13척이 남아 있을 뿐이었습니다. 이순신 대신 수군을 이끌었던 원균이 칠천량 해전에서 대패하였기 때문이었습니다.

당시 선조 임금은 '수군을 포기하고 육전에 참가하라.' 는 명을 내렸지만 이순신은 이에 대해 다음과 같은 글을 올렸습니다.

"임진년부터 5~6년에 이르는 동안 적이 감히 충청과 전라도 지방에 쳐들어오지 못한 것은 수군이 그 바닷길을 막아낸 때문이옵니다. 지금 신에게 아직 12척의 전선이 있으니, 죽을힘을 다하여 막아 싸운다면 능히 대적할 방책이 있사옵니다. 이제 만일 수군을 모두 폐지하신다면 이는 적이 다행하게 여기는 바일 것이며, 호남 해안으로부터 한강까지 단숨에 진격할 것인 즉, 이는 신이 가장 두려워하는 바입니다. 전선이 비록 적다고 하더라도 보잘것없는 신(이순신이 자신을 낮추어 말함)이 죽지 아니한 즉, 적이 감히 우리를 가볍게 여기지 못할 것이옵니다." -1597년(선조 30) 9월, 이순신의 장계

또한 그의 행록에서 다음과 같은 글을 찾아볼 수 있습니다.

"전선이라곤 다만 열 척 정도이었다. 전라우수사 김억추를 불러 병선(兵船)을 거두어 모으게 하고, 또 여러 장수들에게 분부하여 '전선을 거북배로 꾸며서 군세를 돋우도록 하라.' 하고, 또 '우리들이 임금의 명령을 같이 받들었으니 의리상 같이 죽는 것이 마땅하다. 그런데 사태가 여기까지 이르렀는데, 한 번 죽음으로써 나라에 보답하는 것이 무엇이 그리 아까울소냐! 오직 죽음이 있을 뿐이다.' "고 굳게 약속했다[병자/9월38일].

결국 이순신은 13척의 전선과 빈약한 병력을 거느리고도 뛰어난 전략으로 명량에서 333척의 적군과 대결, 31척을 격파하는 대승을 거두었다. 이 명량대첩의 승리로 조선 수군은 왜군에게 넘겨준 바닷길을 되찾을 수 있었으며 왜군의 보급로를 차단해 막강한 타격을 주었다.

이순신은 나라를 위해 충성을 다한 대표적인 인물이기도 하지만 어머니에 대한 효성도 지극했다.

임진란이 일어났을 무렵 그의 어머니는 78세였고, 충무공은 50세를 넘었다. 충무공은 늘 어머니를 그리워하고 문안을 드렸으며, 어머니의 소식만 듣고도 반가워하고 며칠만 소식이 끊겨도 걱정하였다.

이런 그의 효심은 난중일기의 곳곳에 배어 있다.

"아침을 먹은 뒤 어머니께 하직 인사를 드리니 노모께서는 '잘 가거라, 가서 나라의 욕됨을 크게 씻어라.' 하시며 두 번 세 번 거듭 타이르시며 위로하셨다."

"촛불을 밝히고 홀로 앉아 나랏일을 생각하니 무심결에 눈물이 흘렀다. 또 나이 여든이나 되신 병드신 어머니를 생각하며 뜬눈으로 밤을 새웠다."

"조카 봉과 아들 울이 들어와서 '어머니께서 평안하시다.' 고 하니 기쁘고 다행이다.

"오늘이 어머니 생신이다. 몸소 나아가 잔을 드리지 못하고 홀로 멀리 바다에 앉았으니, 회포를 어찌 다 말하랴!"

"하루 종일 노를 저어 밤중에 어머님을 찾아뵈오니 백발이 부수수한 채 나를 보고 놀라 일어나 앉으시는데 기력이 흐려져 몇 날을 더 보존하시기가 어려울 지경이었다. 눈물을 머금고 서로 붙들고 앉아 그 마음을 즐겁게 풀어 드리기 위하여 장년의 시름을 잊고 소년의 모습으로 어머니를 위로하였다."

"어머니를 모시고 일행과 더불어 배를 타고 본영으로 돌아와 종일토록 즐거이 받드니 다행이다."

"아들 면, 조카 완, 최대성, 신여윤, 박자방이 본영에서 와서 '어머니께서 평안하시다.' "는 편지를 받아 보니 기쁘기 그지없다.

특히 "새벽 꿈이 몹시도 뒤숭숭하다. 병드신 어머니를 생각하니 마음이 괴롭고 눈물이 흐른다."는 일기의 기록은 그가 얼마나 효성이 지극한 아들이었는가를 잘 보여 주고 있다.

## 부록 1 내가 존경하는 위인

♤ 내가 존경하는 위인

♤ 살았던 시대

♤ 그분의 업적

♤ 존경하는 이유

## 부록 2 충 · 효 · 공경 · 배려에 대한 한자성어

**▶ 爲國忠節(위국충절)**

나라를 위한 충성스러운 절개

**▶ 昏定晨省(혼정신성)**

'아침 일찍 일어나 부모의 침소에 가서 밤 동안의 안후(安候)를 살핀다.'

**▶ 風樹之嘆(풍수지탄)**

부모가 살아 계실 때 효도하지 않으면 뒤에 한탄하게 된다.

**▶ 反哺之孝(반포지효)**

까마귀의 되먹이는 습성에서 '반포' 라는 말이 나왔으며 '지극한 효도' 를 뜻합니다.

**▶ 兄友弟恭(형우제공)**

형은 동생을 사랑하고 동생은 형을 섬긴다.

**▶ 手足之愛(수족지애)**

형제 사이의 우애를 일컫는 말

**▶ 兄弟投金 (형제투금)**

형제의 우애를 위해 금을 강물에 던져 버렸다는 이야기

**▶ 竹馬之友 (죽마지우, 竹馬故友)**

대나무 말을 타고 놀던 옛 친구라는 뜻으로, 어릴 때의 친구를 이르는 말

**▶ 金蘭之交 (금란지교)**

합심하면 그 날카로움이 쇠와 같고, 그 향긋함이 난초와 같다는 말. 친구 간의 두터운 우정을 일컬음

**▶ 不言長短 (불언장단)**

남의 좋은 점, 나쁜 점을 함부로 다른 사람에게 말하지 않는다.

**▶ 陰德陽報 (음덕양보)**

남모르게 덕을 베풀면 남이 알게 복을 받는다.

부록 3 

## 나의 기행문

▶ 휴일을 이용하여 우리 이웃에 있는 유적지를 다녀 오세요.

여행한 곳 :

여행한 날 :　　　　　년　　　　월　　　　일

그곳에 가는 길 :

여행한 날의 날씨는 어땠으며, 무엇을 타고 갔나요?

찾아간 곳은 어떤 장소이며, 누구와 관련된 곳인가요?

찾아간 곳에 있는 유적이나 유물들은 무엇인가요?

새롭게 알게 된 사실은 무엇인가요?

여행지에서 느낀 점은 무엇인가요?

**감 수: 이재수**

고려대학교 교육학석사(스포츠 심리학)
고려대학교 이학박사(운동역학)
태권도 공인 8단, 국내 심판 및 국제 심판, 경기 2급 지도자
전) 대한태권도협회 품새경기위원장
전) 국기원연구소 수석연구원
현) 고려대 연구교수
현) 고려대 태권도 최고위과정 지도교수

주요저서
박사논문: 유소년 태권도 수련 정도에 따른 각 속도별 근기능과 신체 구성 및 골밀도 수준에 관한 비교 연구
태권도 CEO와 인격 교육(공저) (서현사, 2006)
태권도 기초 해부학(공저) (금광, 2004)
태권도의 과학적 지도론(공저) (21세기 교육사, 2005) 외 다수
태권어린이 인성기르기(감수) (서현사, 2008)

**엮은이: 서현사 편집부**
**고려대학교 태권도 최고위과정 연구위원**

**태권어린이 德 충 · 효 · 공경 · 배려하는 마음**

2012년 10월 10일 1판 1쇄 인쇄
2012년 10월 15일 1판 1쇄 발행

감 수 이재수(고려대학교 이학박사,
고려대학교 스포츠과학연구소 연구교수)
엮은이 고려대학교 태권도 최고위과정 연구위원, 서현사 편집부
펴낸이 조재성
그 림 손주애

펴낸곳 서현사
(410-828) 경기도 고양시 일산동구 백석2동 1332-1 레이크하임 206호
전화 031-919-6643 팩스 031-912-6643
등 록 2002년 8월 14일 제03-01392호

ISBN 978-89-94044-16-3 73680
정 가 5,000원